COURS
DE
MATHÉMATIQUES

A L'USAGE DE

L'INGÉNIEUR CIVIL,

PAR J. ADHÉMAR.

APPLICATIONS
DE GÉOMÉTRIE DESCRIPTIVE.

PONTS BIAIS
EN PIERRE ET EN BOIS.

DEUXIÈME ÉDITION.

PARIS.
E. LACROIX, Libraire, quai Malaquais, 15.
DUNOD, Libraire, quai des Augustins, 49.
L. HACHETTE ET C°, Libraires, rue Pierre-Sarrazin, 14.

1861

Imprimé par E. THUNOT et C°, rue Racine, 26, près de l'Odéon.

Ponts biais — appareil hélicoïdal.

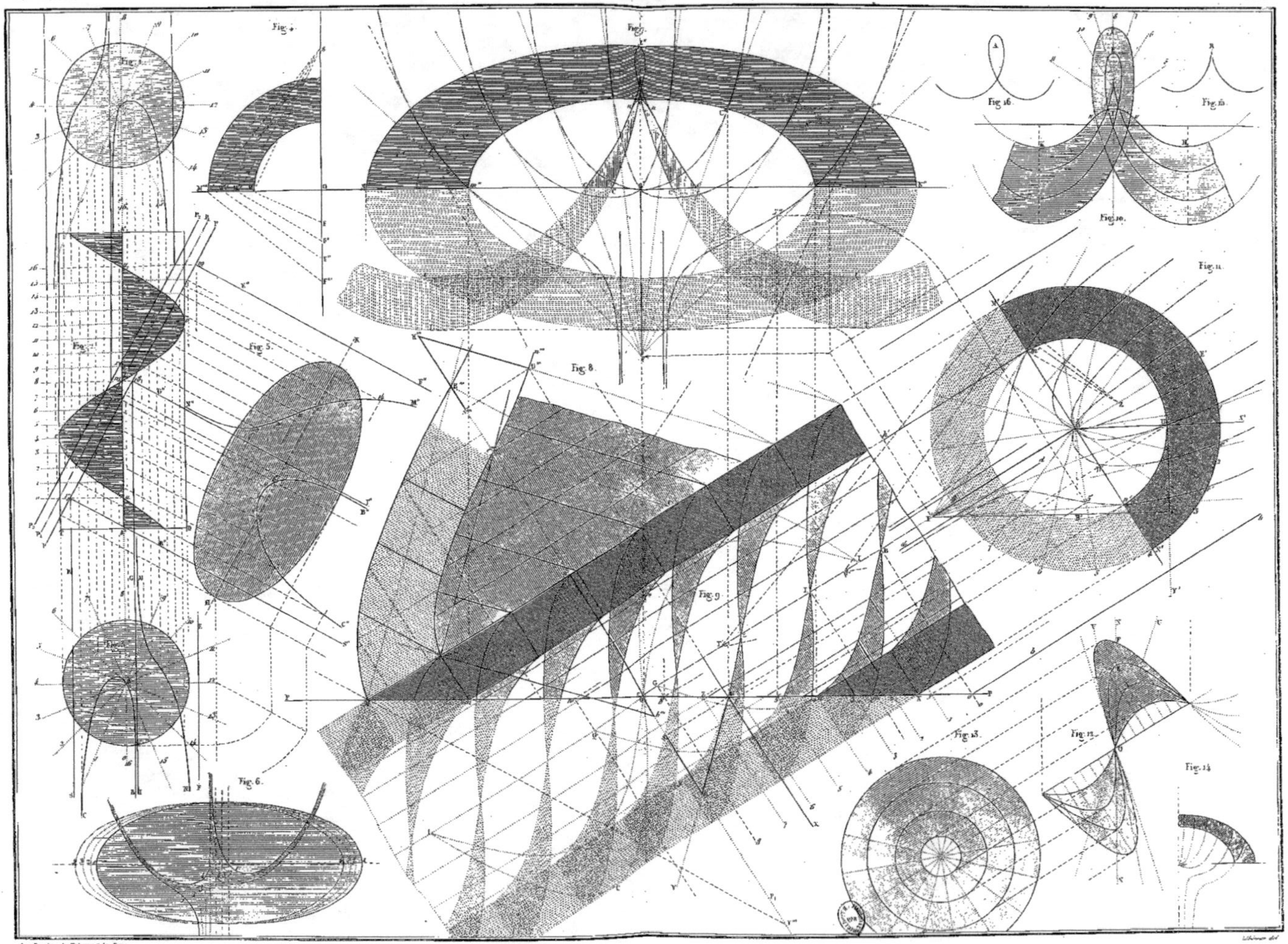

Imp. Bougler, r. des Mathurins S.t Jac. Paris.

Lelièvre del.

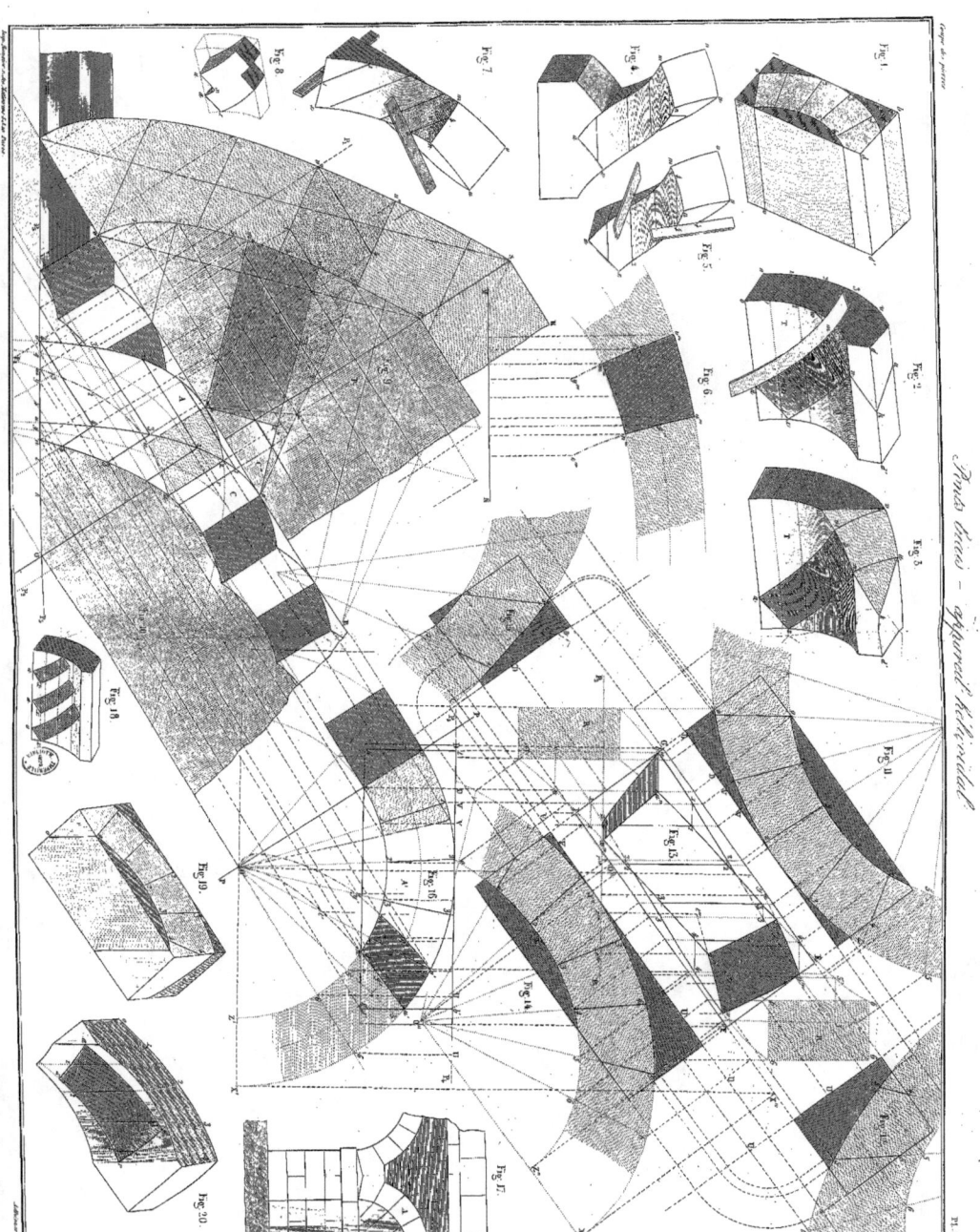

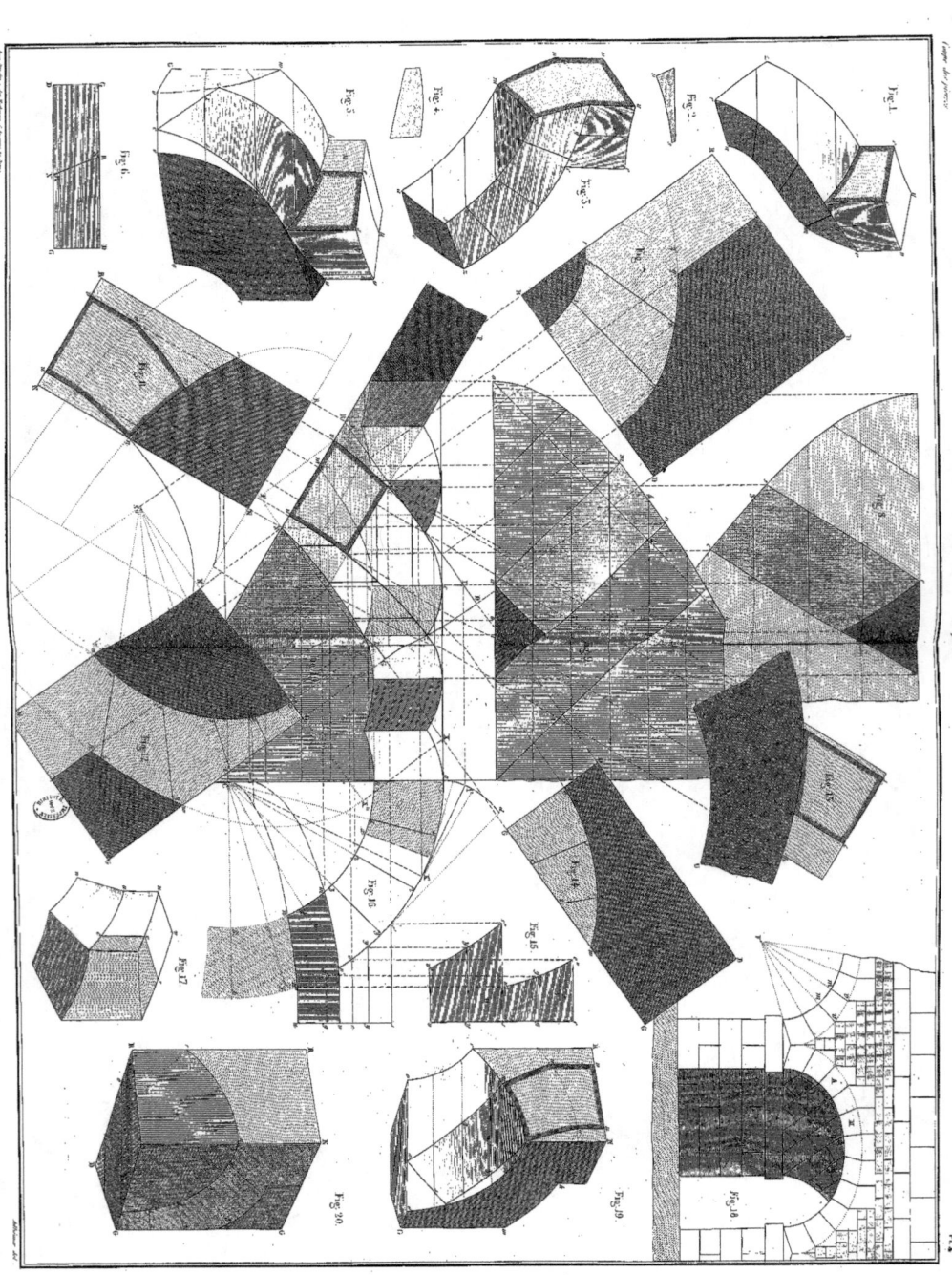

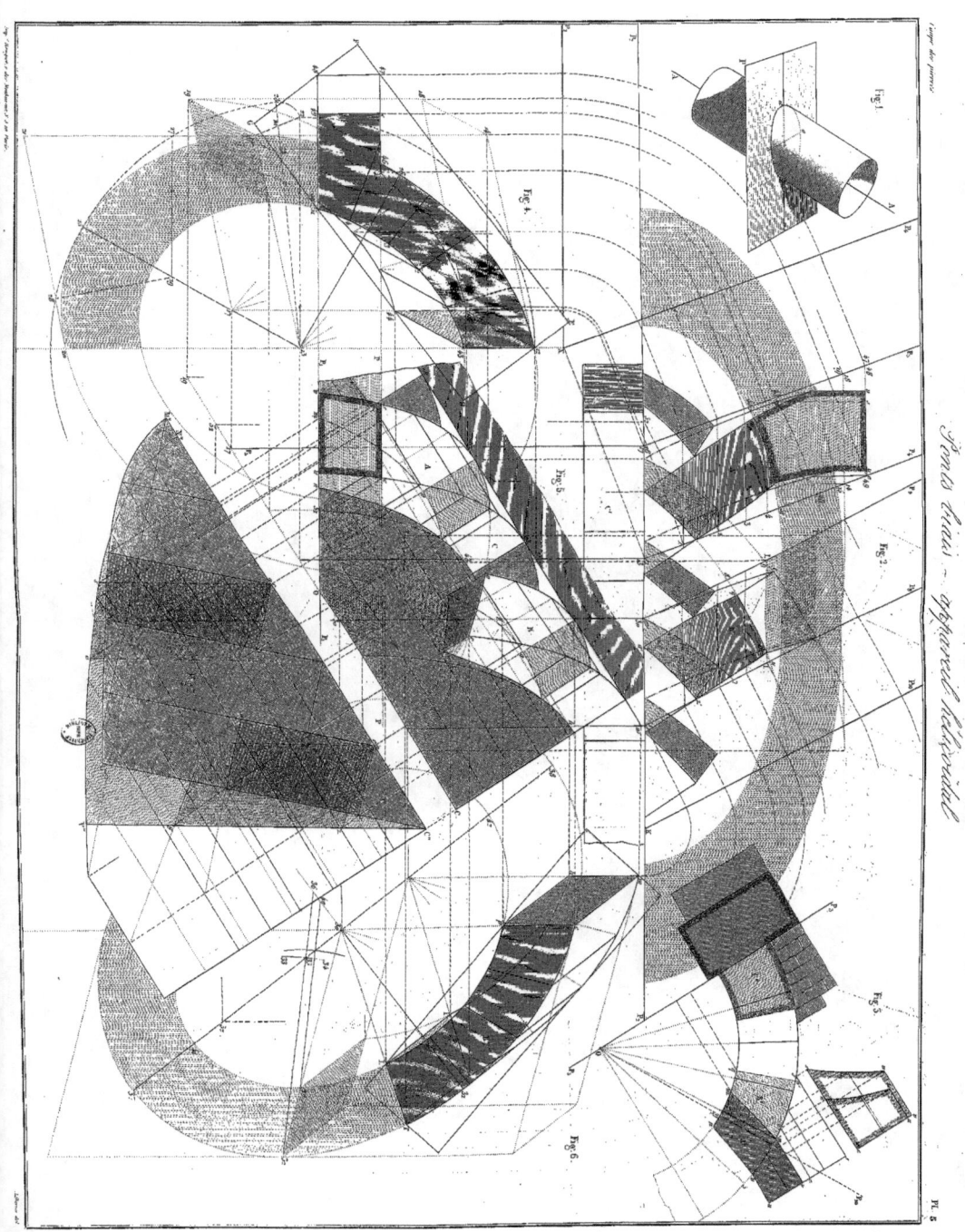

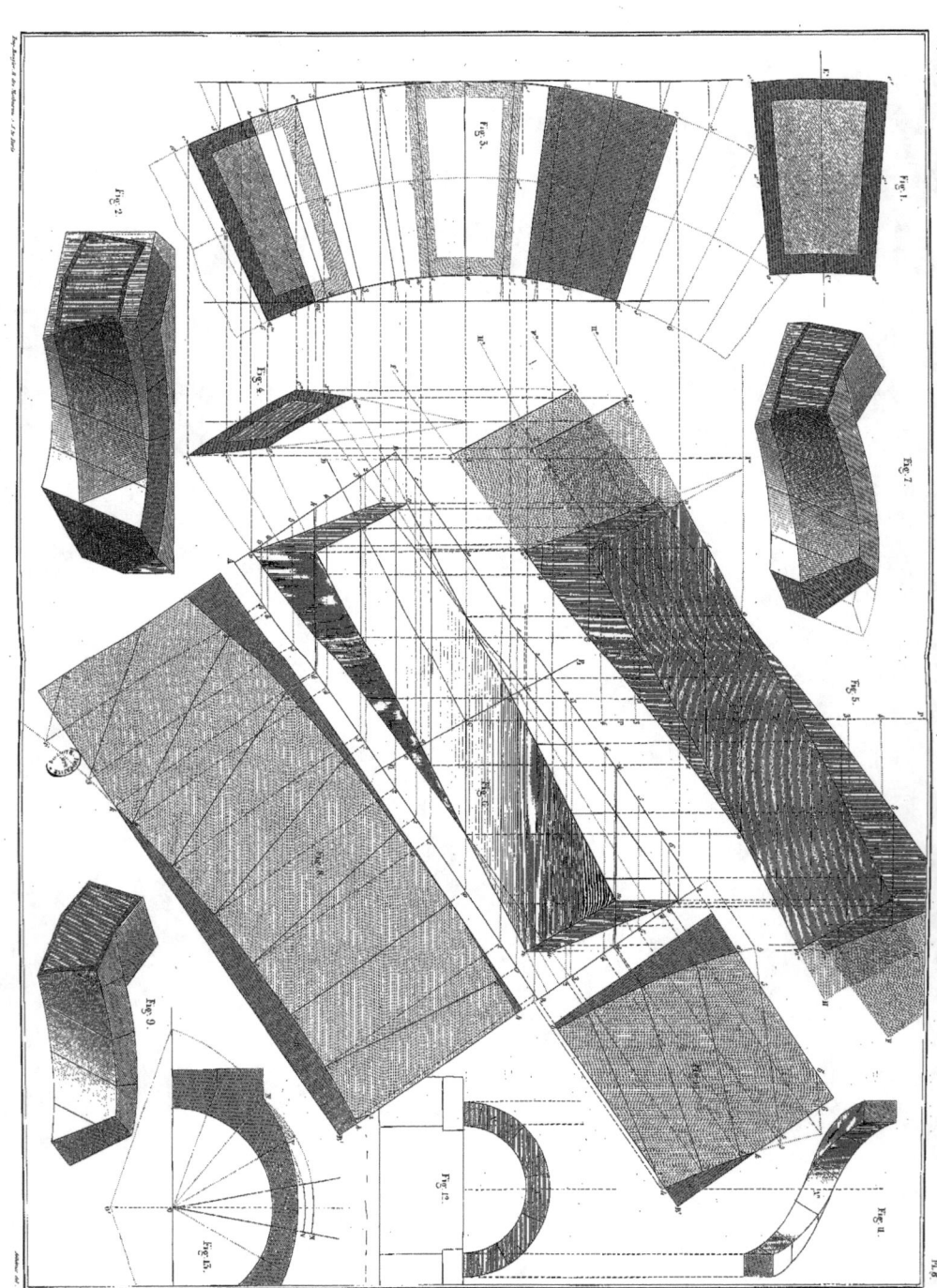

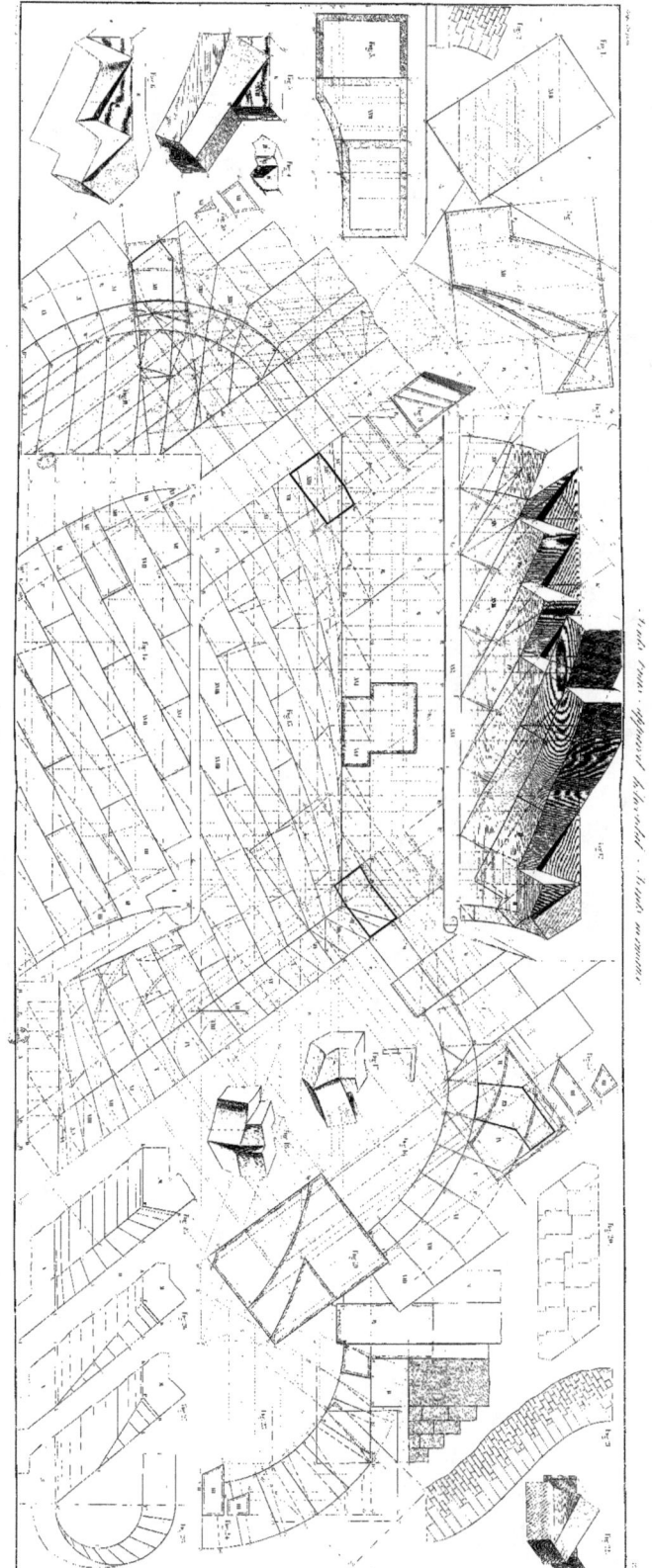

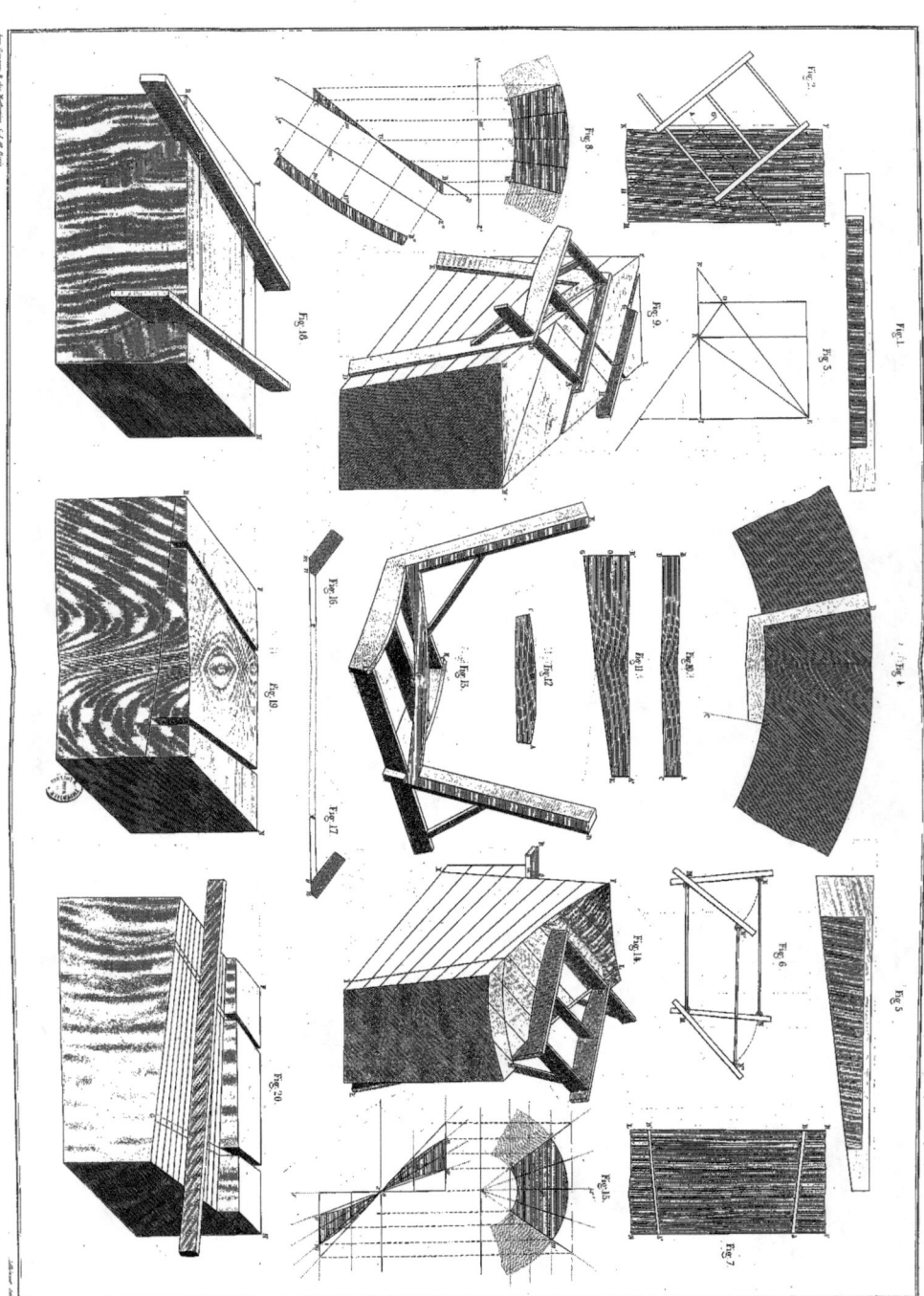

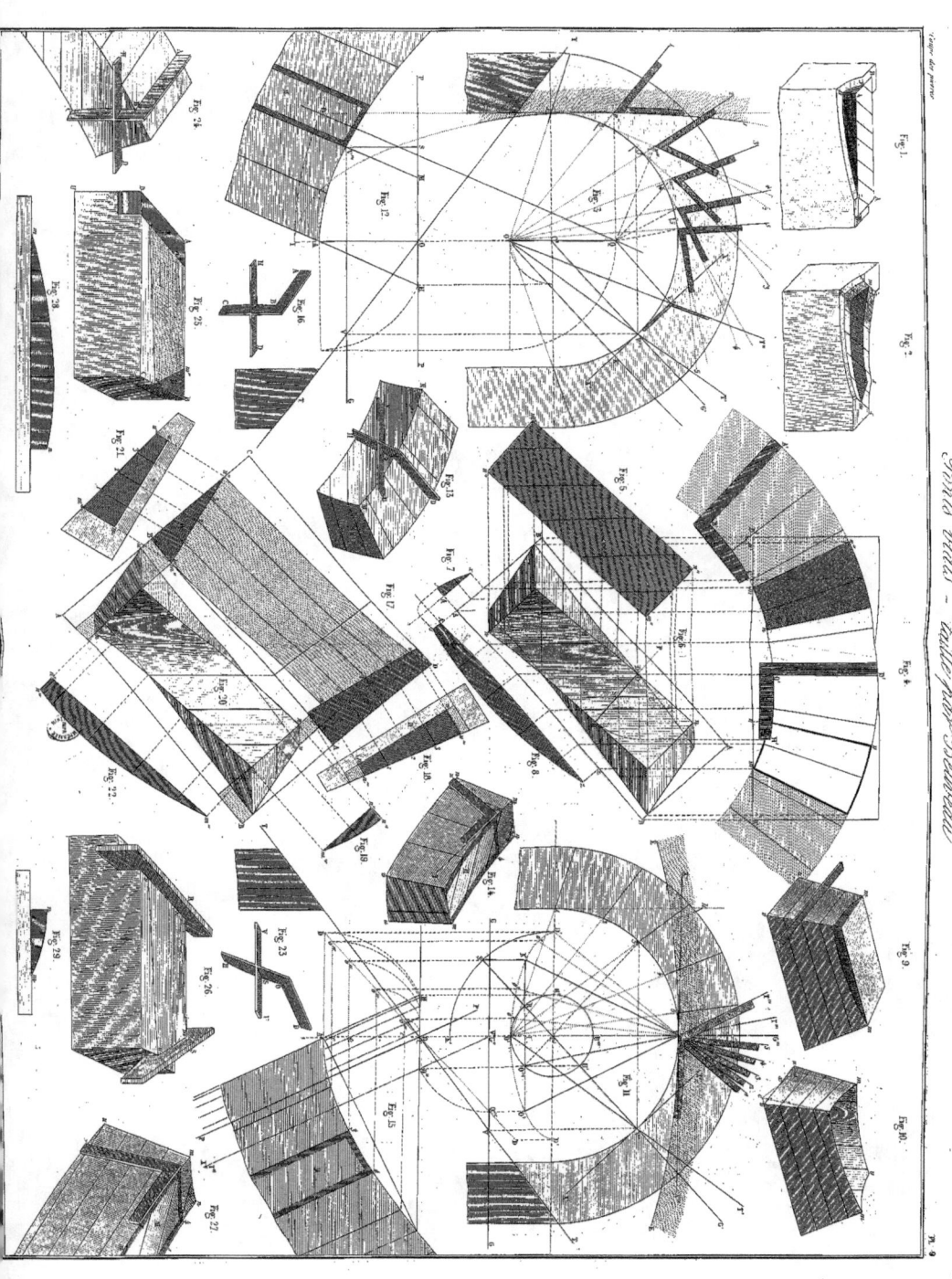

Ponts biais - Berceau circulaire - Joints normaux

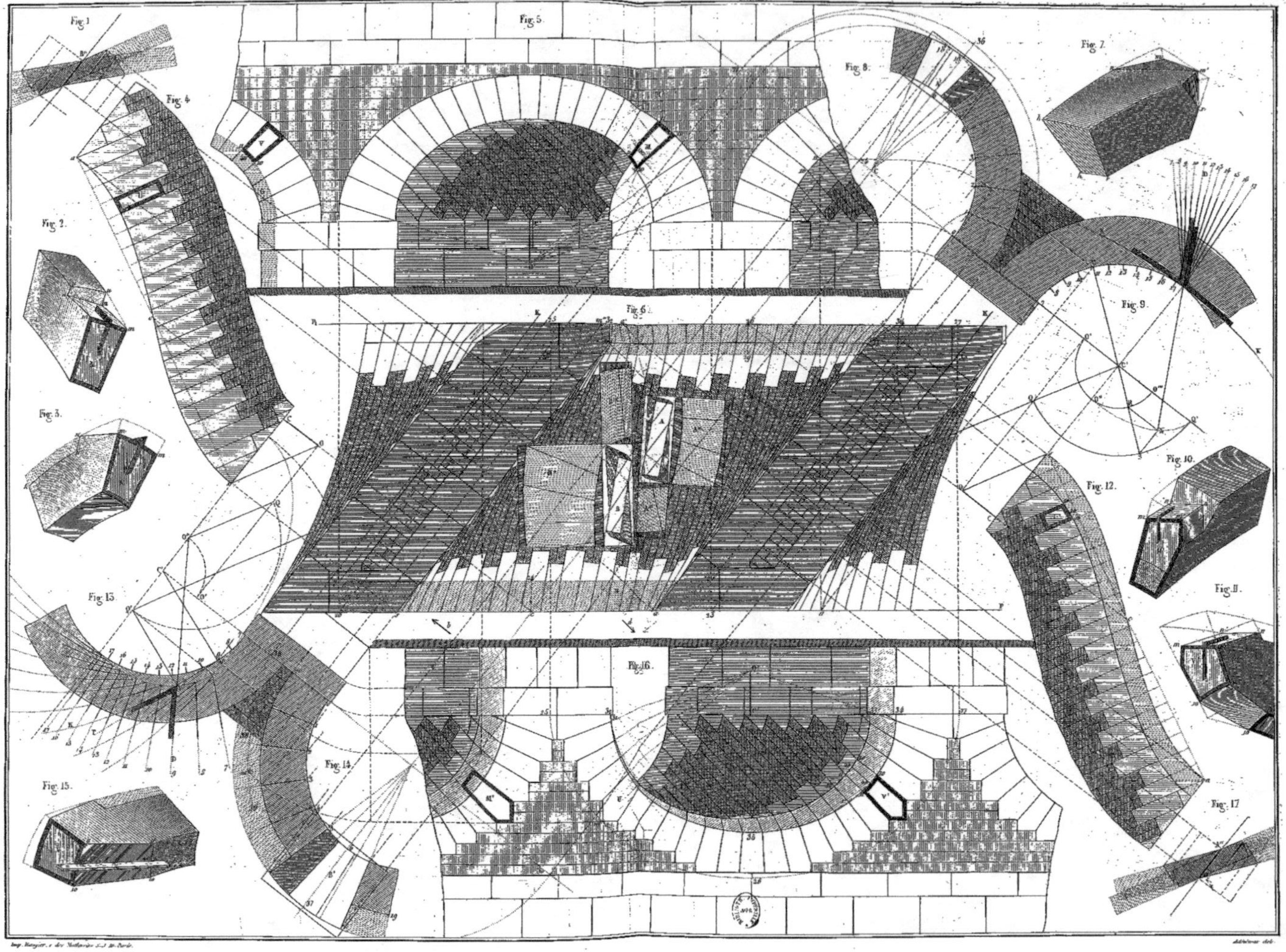

Adhémar del.

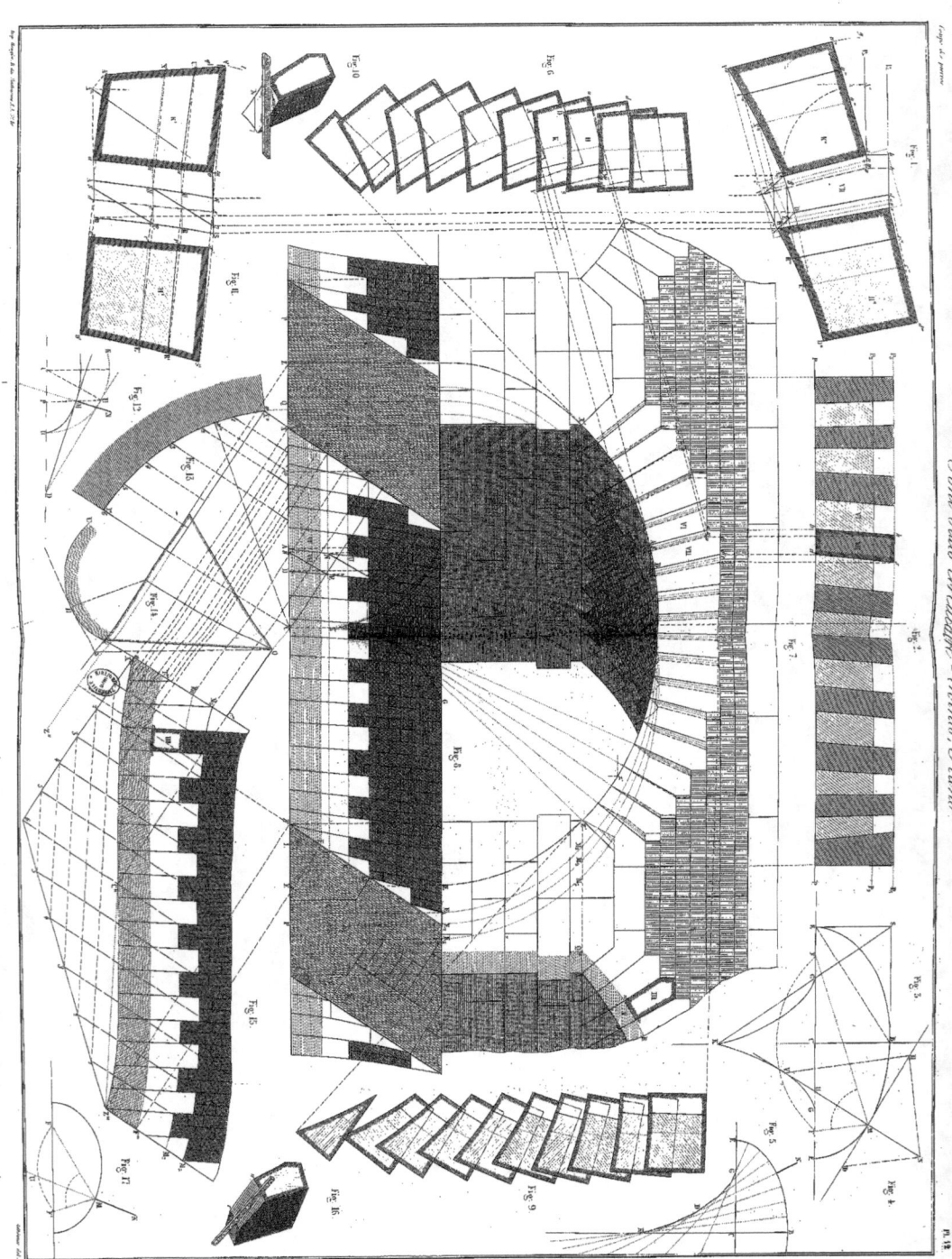

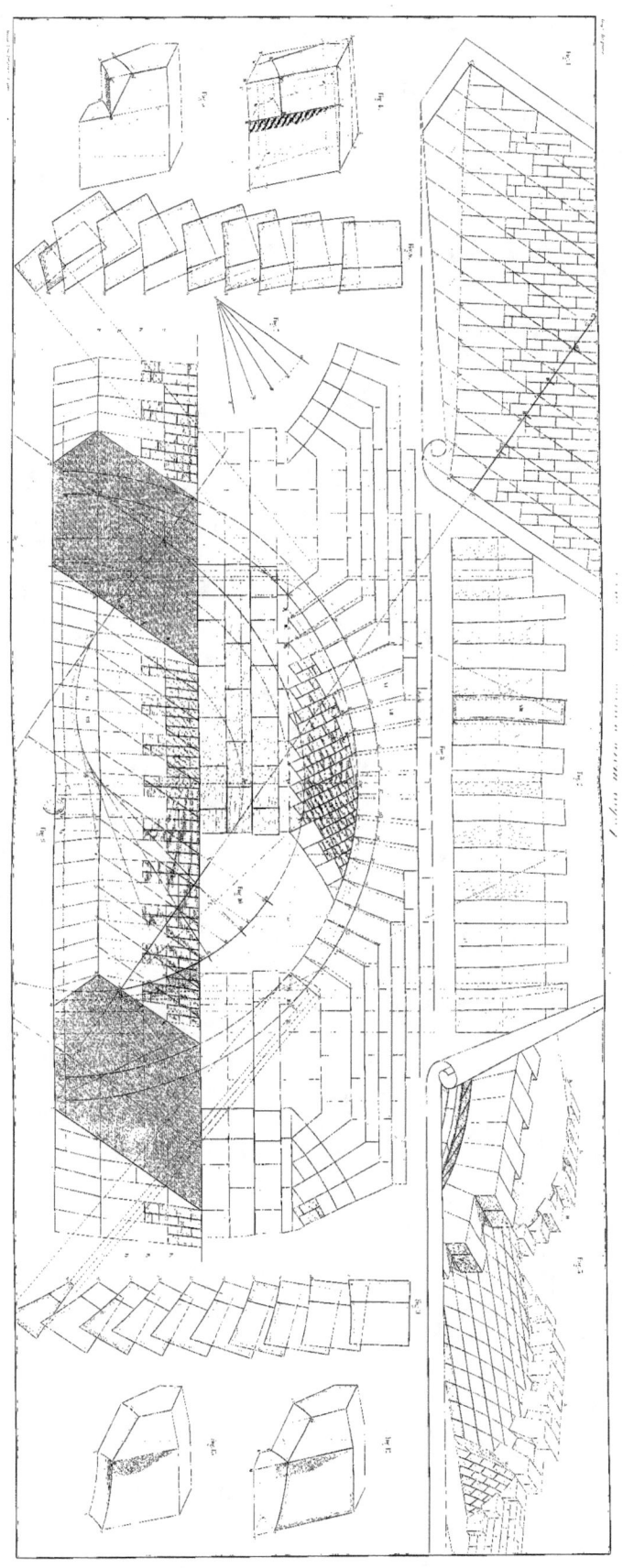

Ponts biais – appareil orthogonal

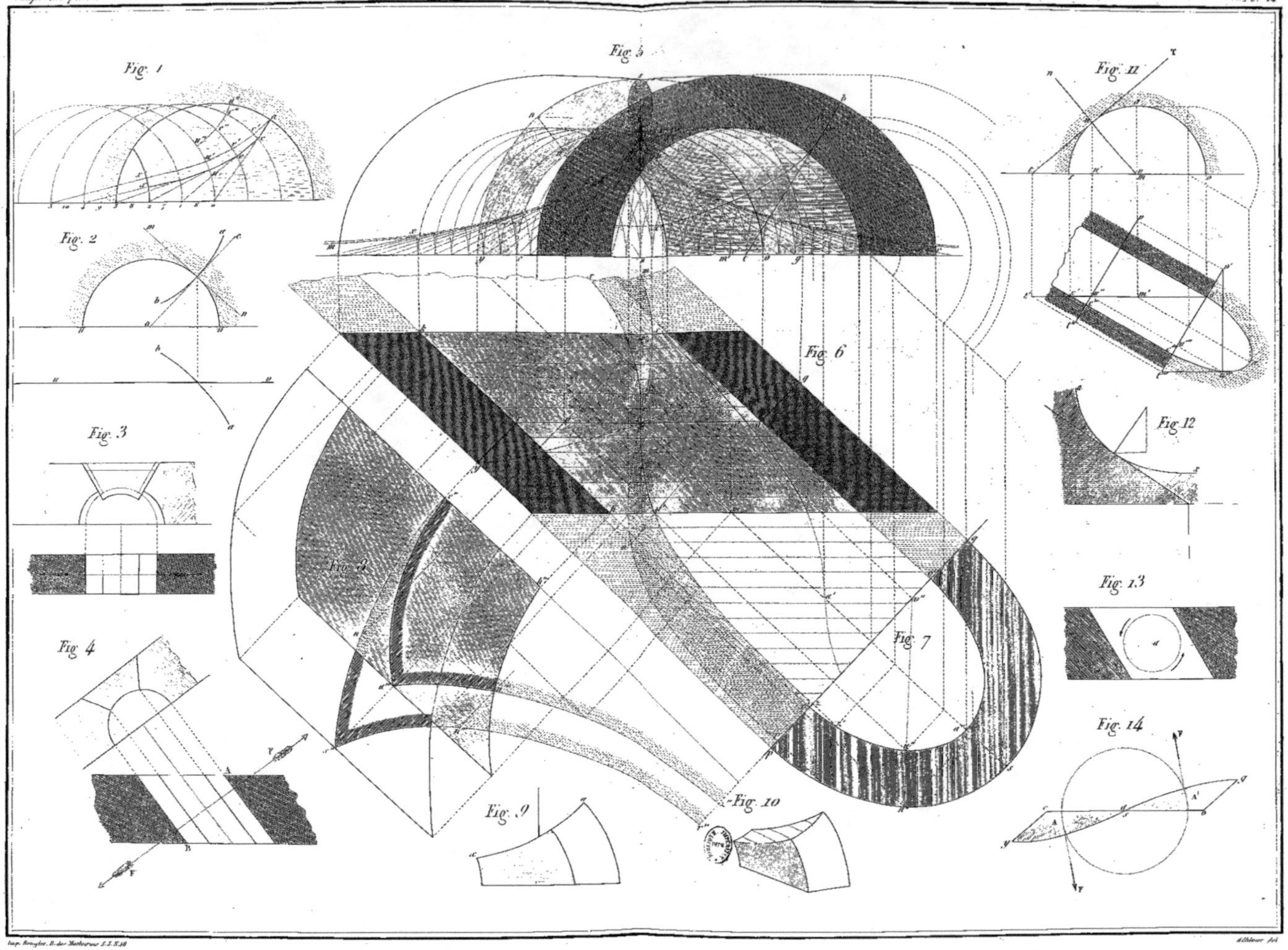

Ponts biais - appareil orthogonal - Joints Plans

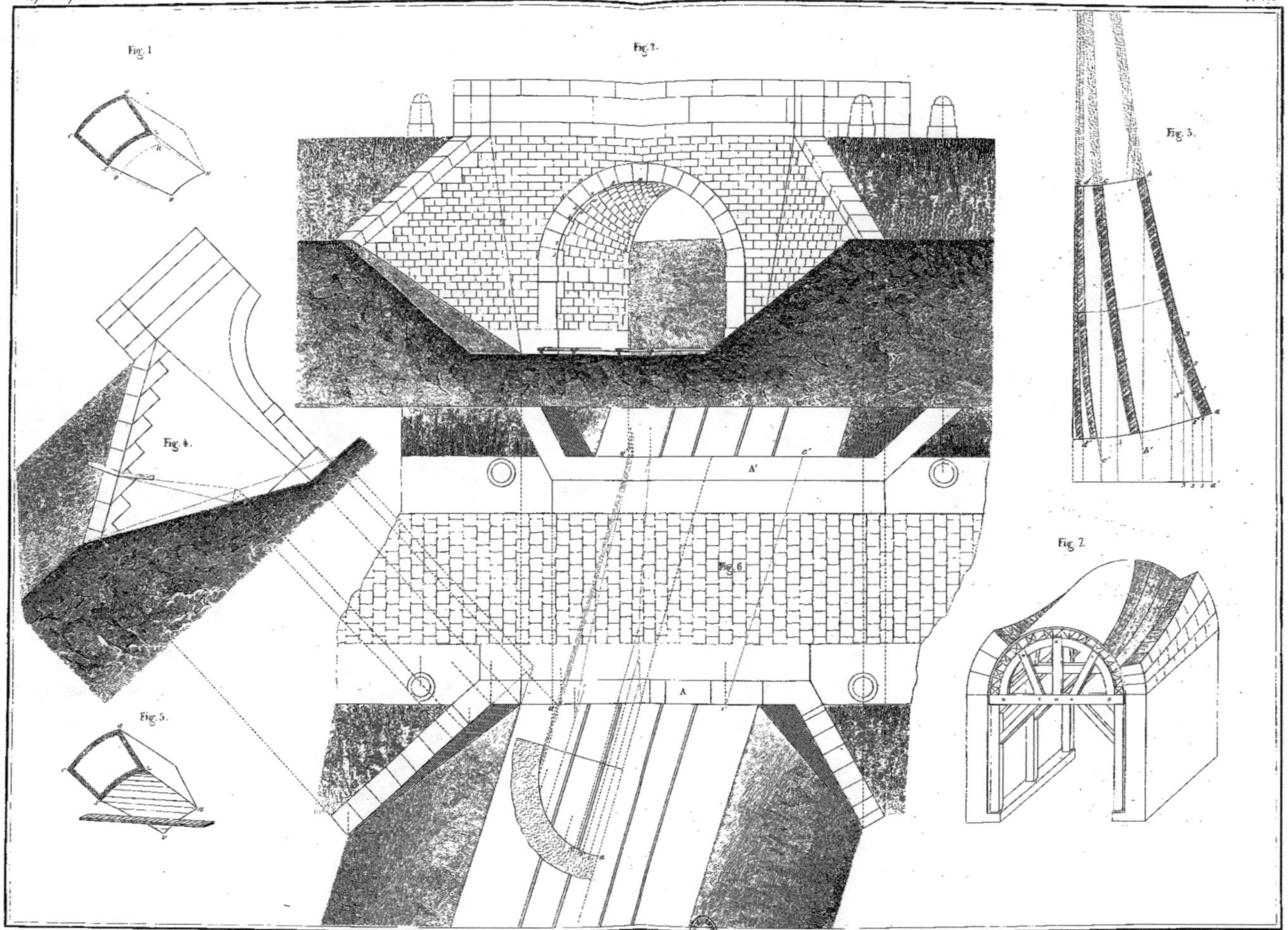

Imp. Bourgine, R. des Mathurins S.J. 10 Paris.

Delhomme del.

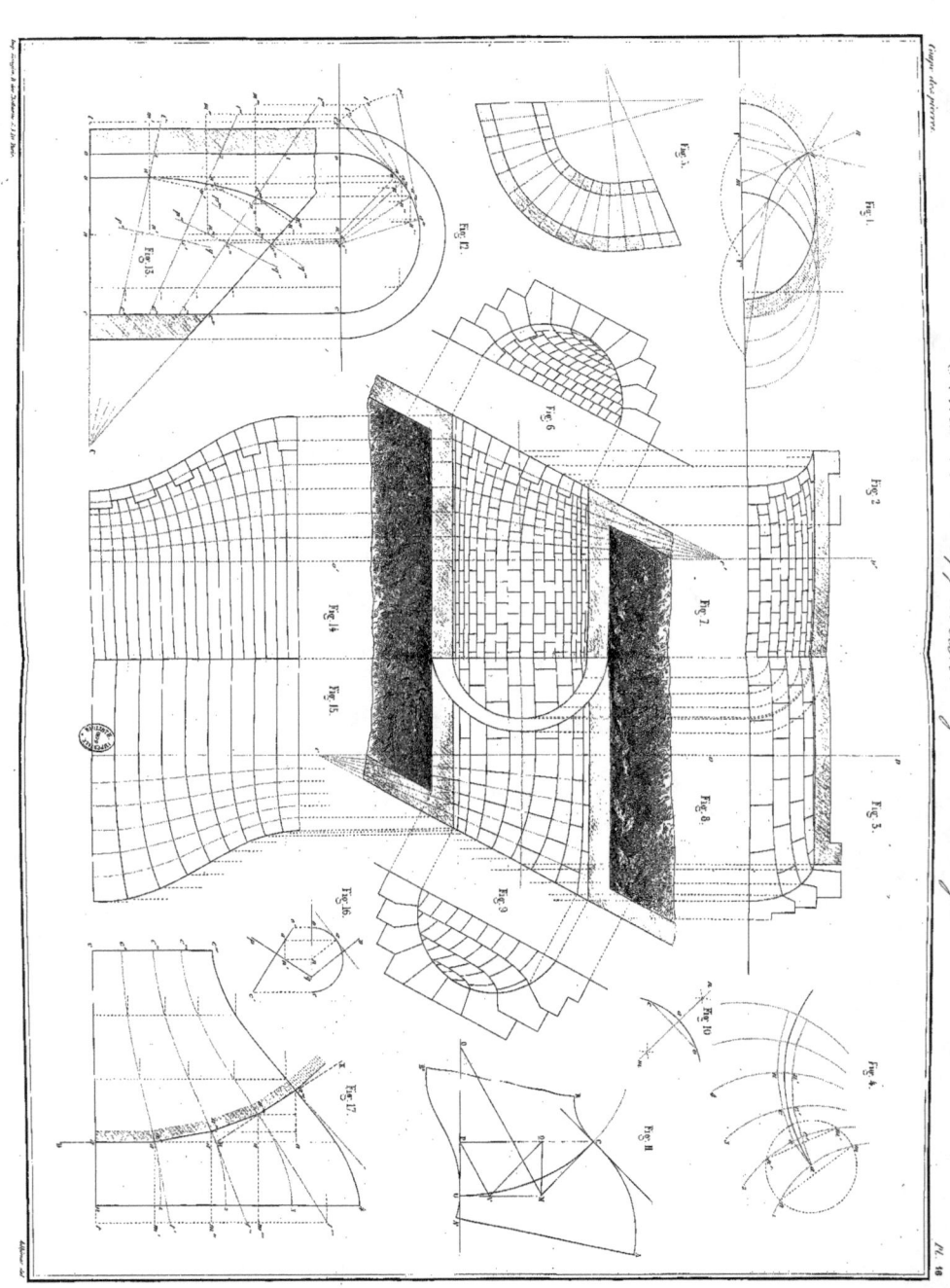

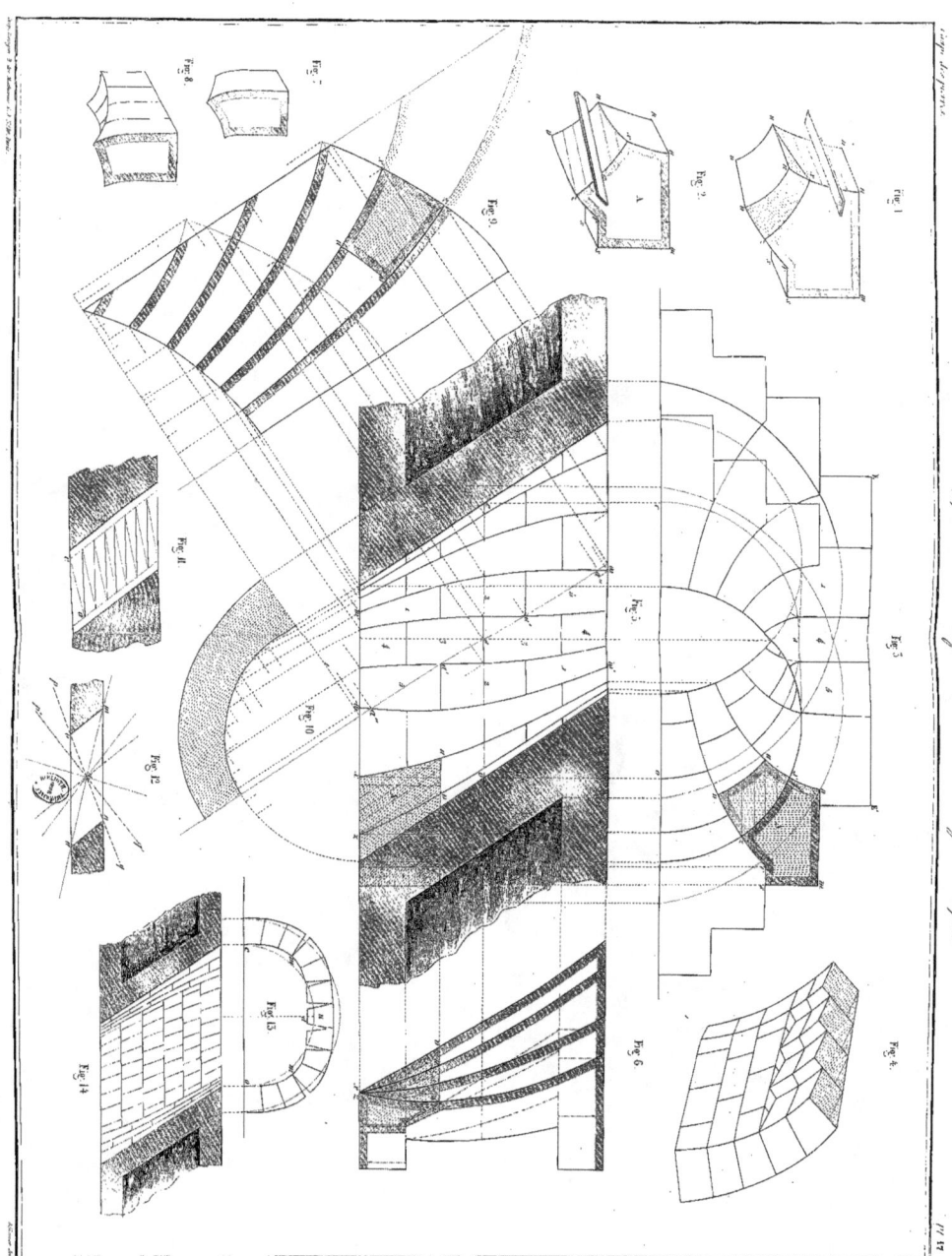

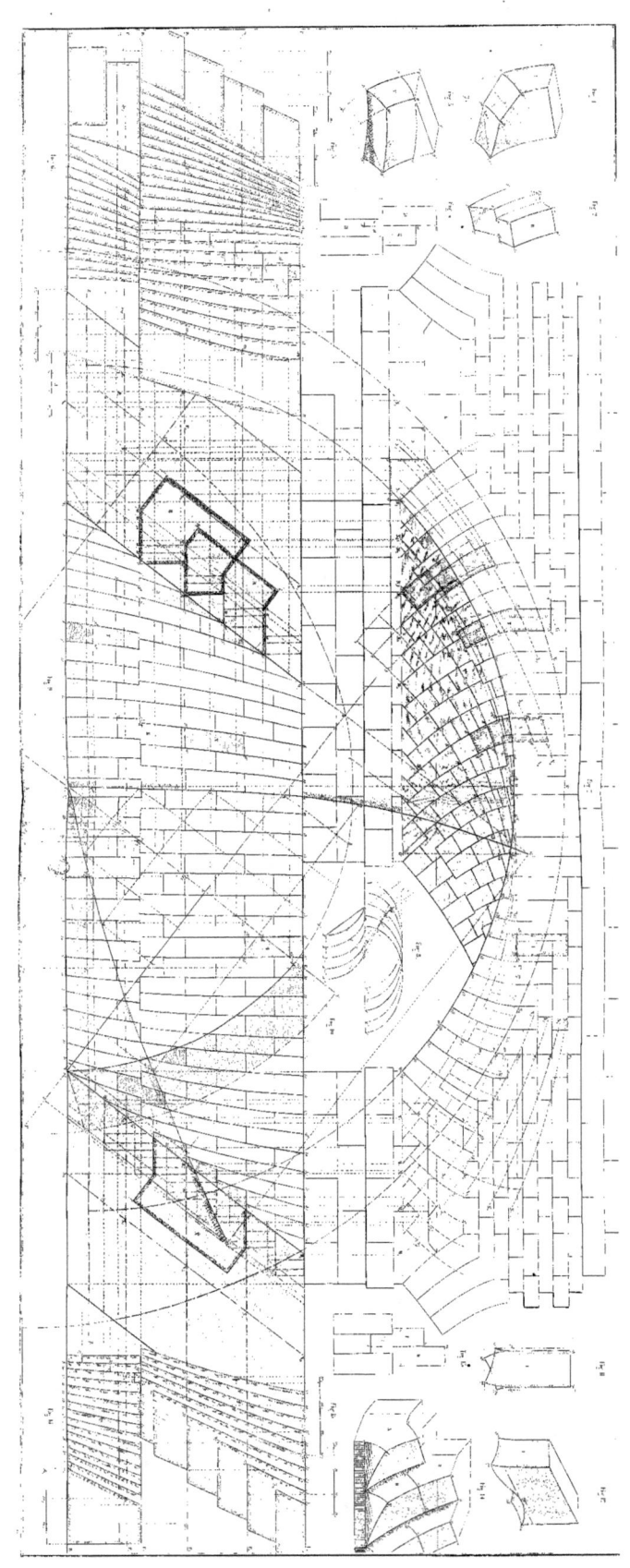

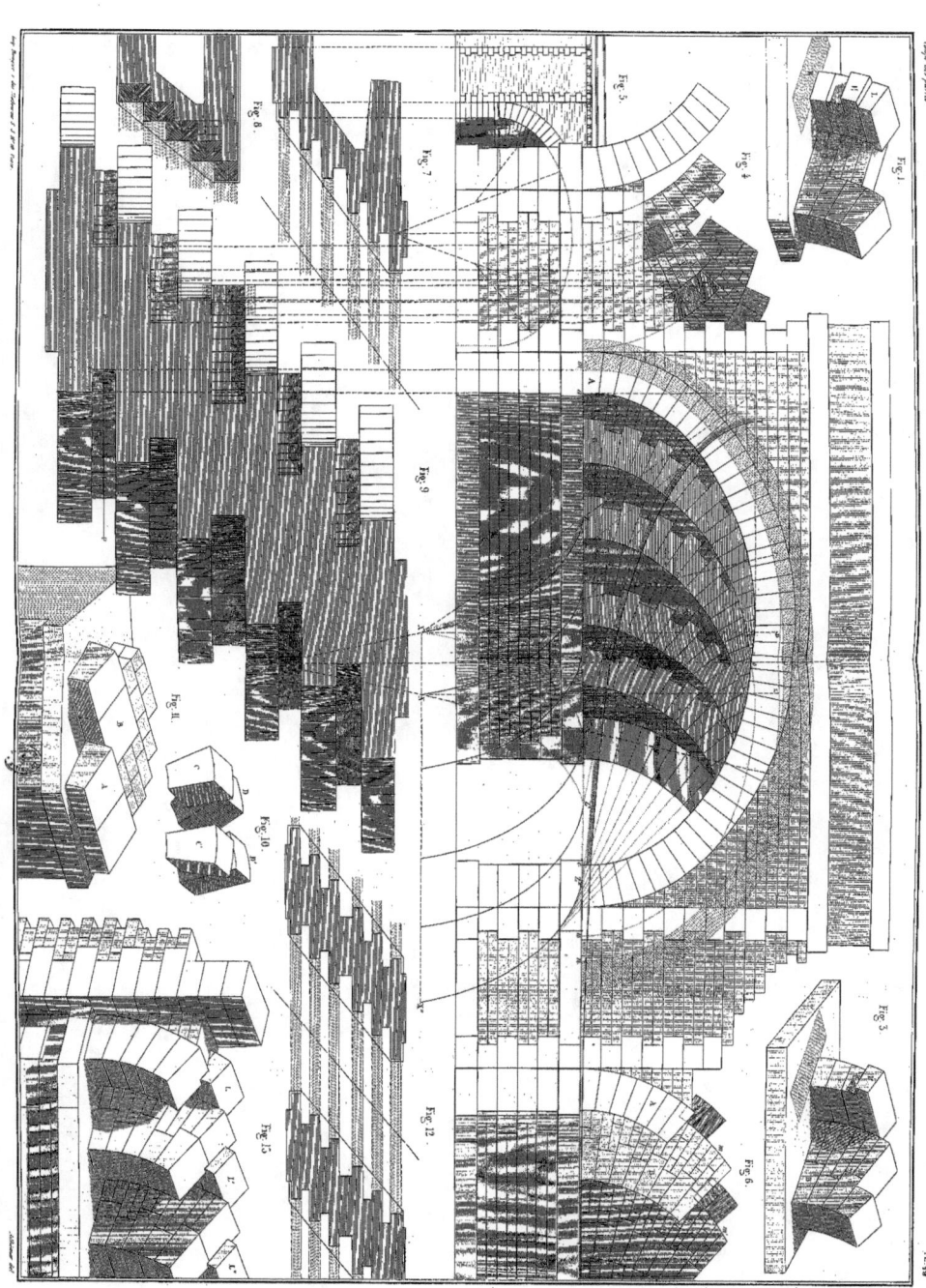

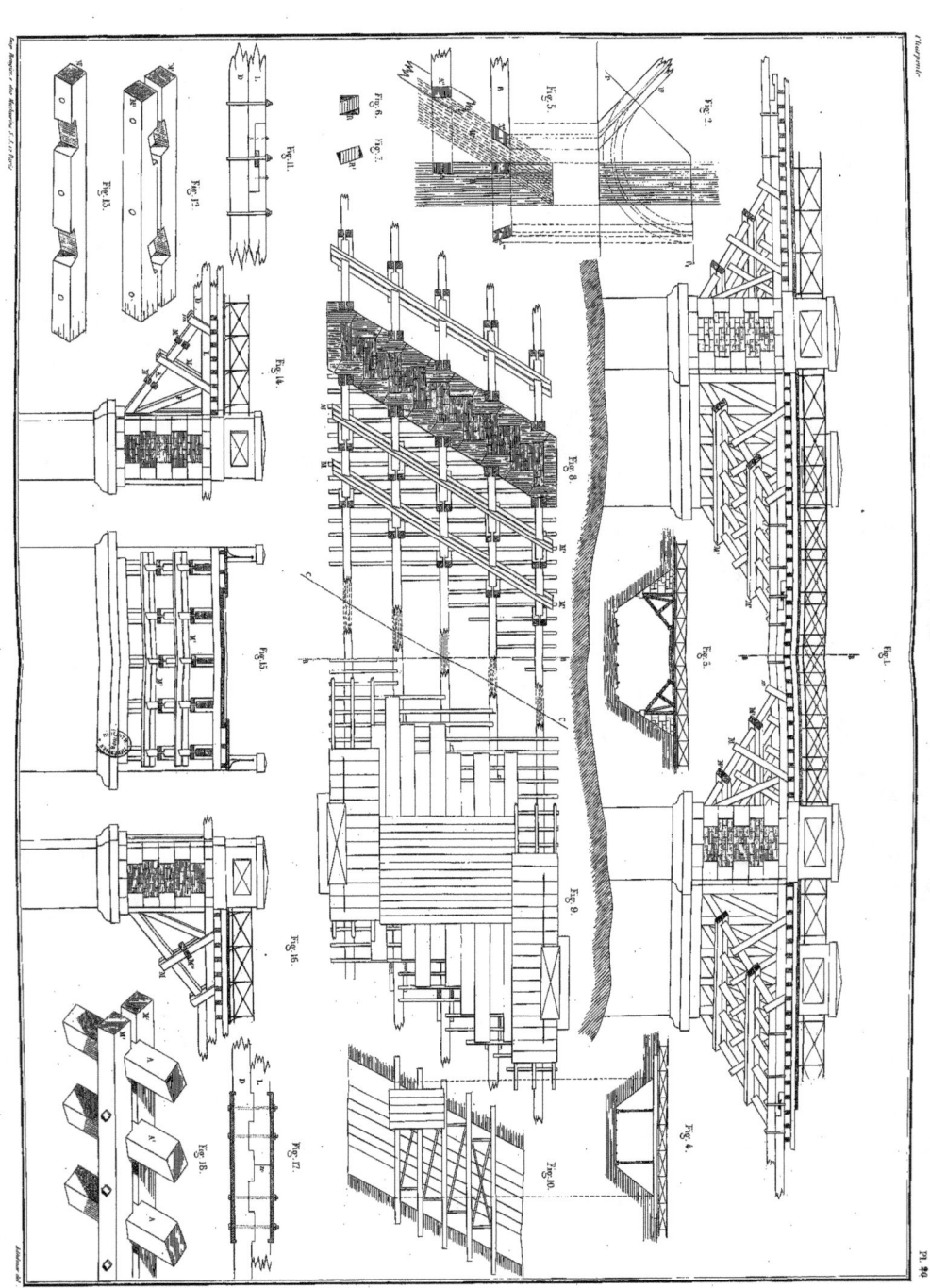

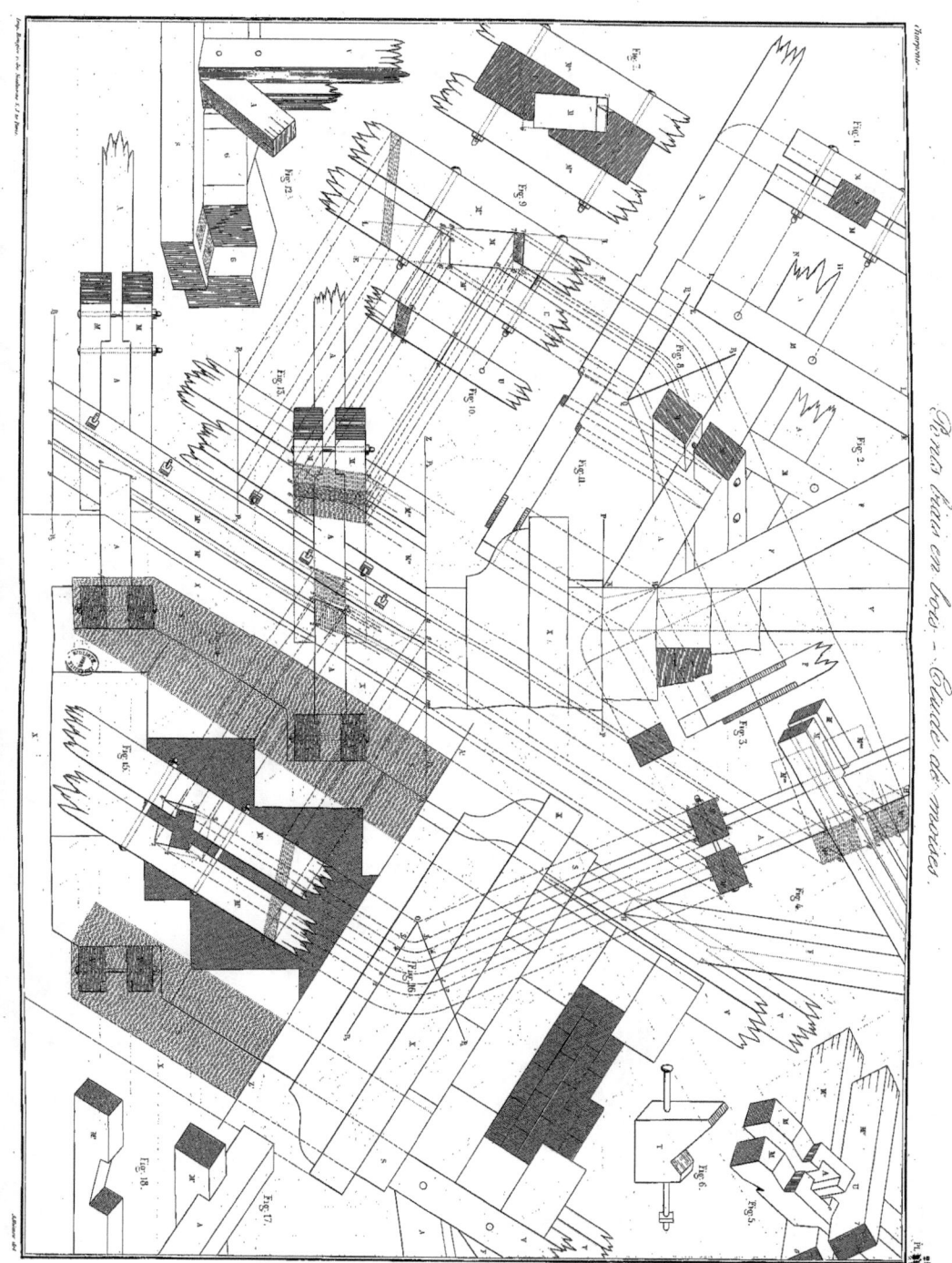

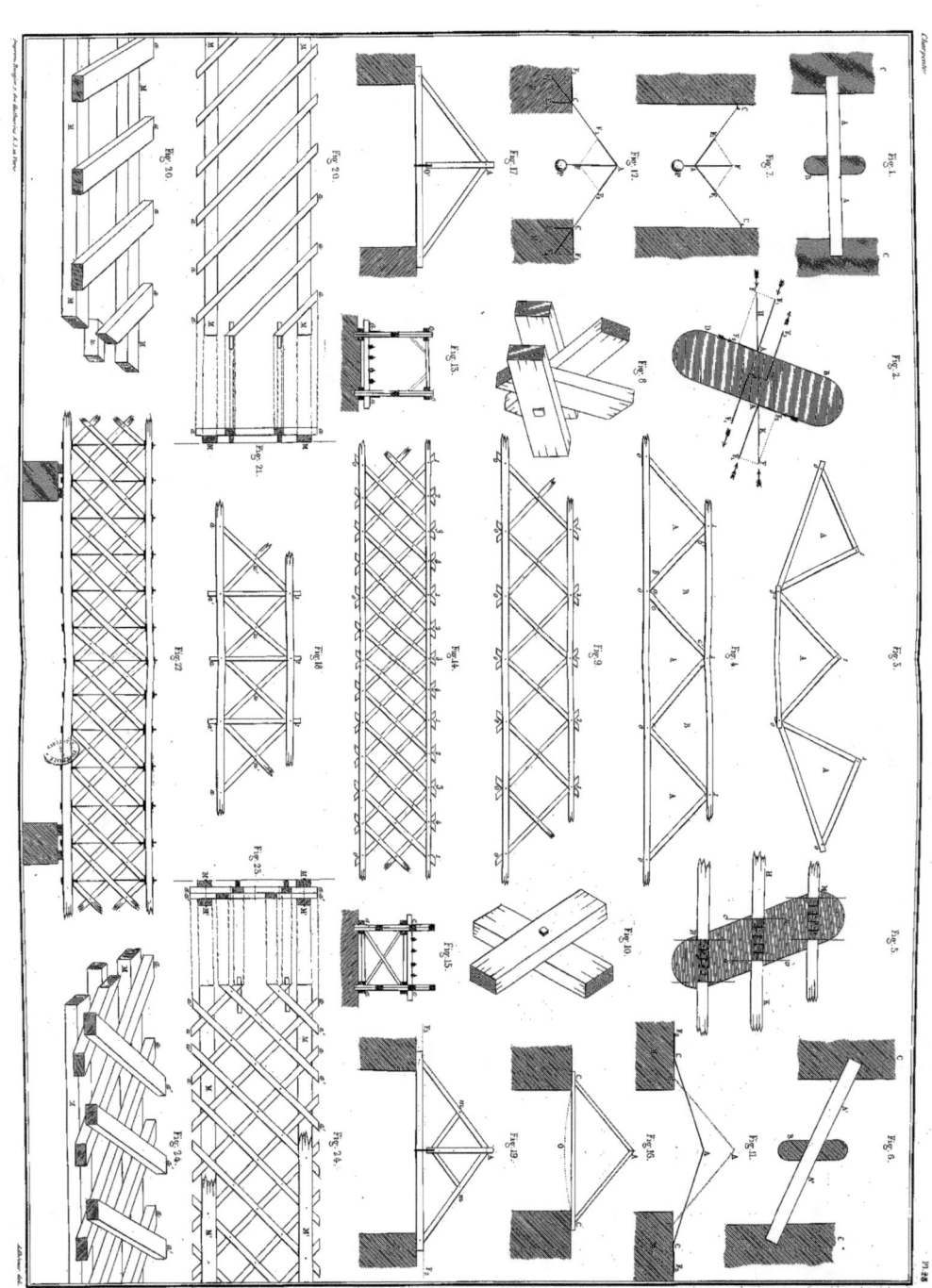

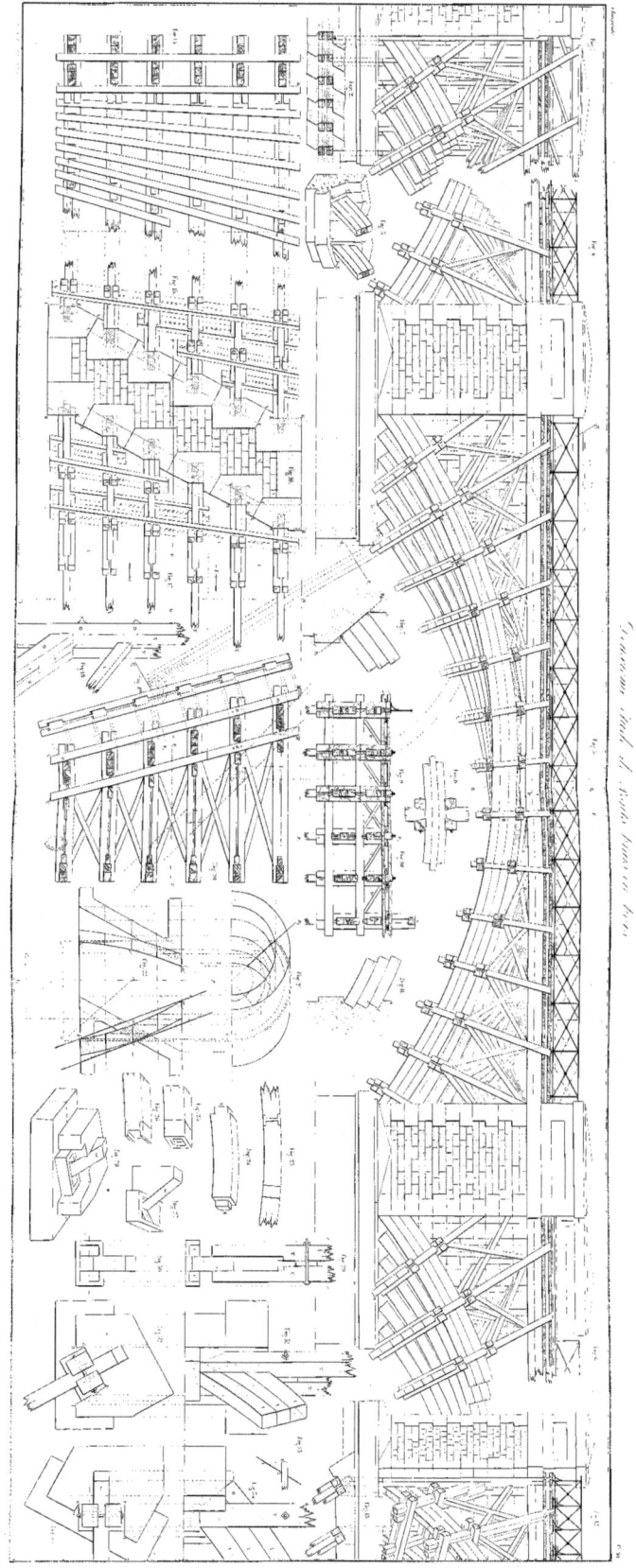

Ponts biais — Américains

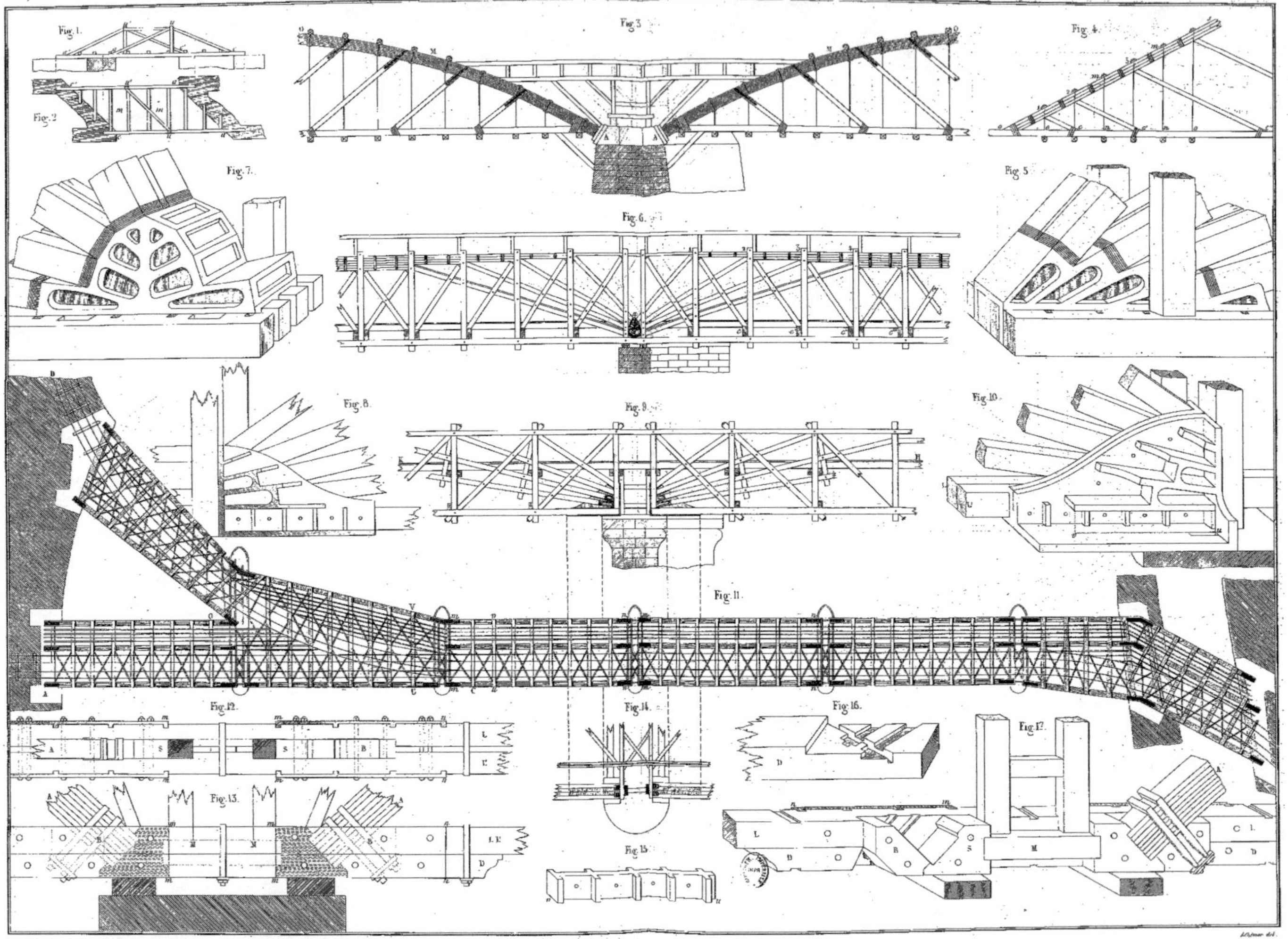

Imprim. Renglet r. des Mathurins S.J. 10 Paris

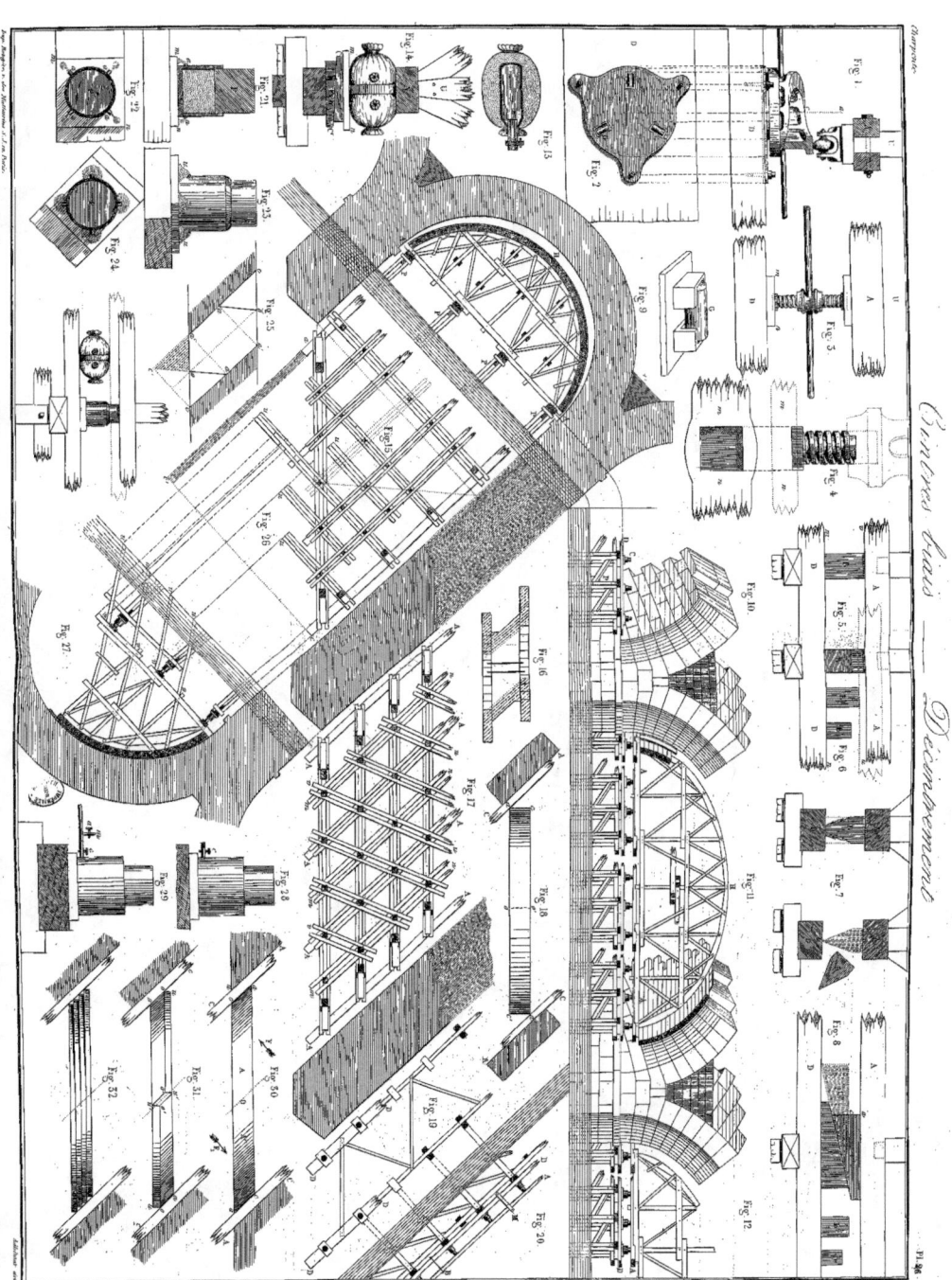

www.ingramcontent.com/pod-product-compliance
Lightning Source LLC
LaVergne TN
LVHW020954090426
835512LV00009B/1905